Udo Robert Riegger

Keine Angst vor großen Tieren

- menschlich -

Bibliographische Information der Deutschen Nationalbibliothek:
Die Deutsche Nationalbibliothek verzeichnet diese Publikation in der Deutschen Nationalbibliografie; detaillierte bibliografische Daten sind im Internet über http://dnb.dnb.de abrufbar.

Herstellung und Verlag
BoD – Books on Demand, Norderstedt

ISBN: 978-3-7357-7513-9

Der Autor:

„Das reale Leben hat die Satire längst schon überholt."

Sein Weg ist sein Ziel. Und als er sich darauf begab war ihm das nicht bewusst. Udo Robert Riegger, Jahrgang 1958, seine Interessen und Vielseitigkeit brachten ihn beruflich zum Maschinenbaumeister, Elektrotechniker, Betriebswirt, Ergotherapeuten und in die freiberufliche Gesundheitsberatung und privat u.a. bis ans Ende (nein, eigentlich bis an den Anfang) dieser Welt. Beruflich wie privat kreuzen Menschen aller Couleur seinen Weg und hinterlassen Eindrücke, die ihn zu menschlichen, politischen und tierischen Texten inspirieren.

„Ich schreibe, weil es mir Spaß macht und etwas in meinem Inneren mich dazu auffordert. Formulierungen über Zusammenhänge, Begebenheiten, Erfahrungen oder Empfindungen entwickeln sich in mir und machen einfach Laune. Insbesondere, wenn die Muse mich völlig überraschend küsst. Das kann am helllichten Tage oder in tiefschwarzer Nacht sein. Nicht selten lese ich dann erstaunt das, was sich vor mir auf dem Papier zusammen gefunden hat. Jedes Mal aber löst es eine innere Zufriedenheit aus und das sichere Gefühl, dass es richtig ist."

Keine Angst vor großen Tieren

- menschlich -

Nur auf den Humor ist noch Verlass

entdecken Sie ihn und vieles andere

in

- menschlich -

von

Udo Robert Riegger

**Das Lachen als Muntermacher –
Das Nachdenken als Mutmacher**

Widmung

Für die Lebensfreude

Inhalt

Der Gedanke

Ich wache jeden Morgen

mit dem gleichen Gedanken auf

des Abends vor dem Schlafengehen

frist er mich fast auf

nur der Tiefschlaf

scheint mich zu beschützen

doch immer öfter

erlaubt sich der Gedanke

auch meine Träume zu benützen

egal

was ich am Tage mache

und auch bei schwierigen Vorhaben

er ist ein ständiger Begleiter

ohne größeres Gehabe

der Gedanke ist schön

der Gedanke macht frei

der Gedanke hält mich zu allem bereit

der Gedanke soll bleiben so lange er will

ich möcht ihn ertragen und bin dabei still

er ist die Sonne und auch der Mond

er ist die Ebbe und auch die Flut

er ist der Tag und auch die Nacht

es scheint

die Welt ist neu gemacht

der Gedanke ist schön

der Gedanke macht frei

der Gedanke hält mich zu allem bereit

der Gedanke soll bleiben so lange er will

ich möcht ihn ertragen und bin dabei still

ist mir kalt macht er mir warm

bin ich müde macht er mich frisch

möcht ich weinen lässt er mich lachen

ich fühl mich wohl

ich lass ihn machen

er ist einfach nur da

nur so

in meinem Kopf

in meinem Herzen

in meiner Seele

scheint

sich über allem

und jedem zu bewegen

ohne jedoch stören zu mögen

der Gedanke ist schön

der Gedanke macht frei

der Gedanke hält mich zu allem bereit

der Gedanke soll bleiben so lange er will

ich möcht ihn ertragen und bin dabei still

nur manchmal

tut er weh

dann

wenn ich dich nicht seh´

***

Wer hätte das gedacht

Deine Augen

klar wie Sonnenlicht

und nächtens strahlend

dass

jeder Stern sich darin vergisst

die Haare

strotzend voll und kräftig

leuchtend fallend schimmernd wellig

die Wangen

überspannt mit Haut aus Alabaster

und mittig

edelförmig deine Nase

in diesem wunderschönen Raster

die Lippen

geschwungen voll und schön

kann Tag und Nacht

mich nicht satt an ihnen seh´n

der Hals

gerade Linien und exakt

jeden Schwan den Neid da packt

die Schultern

anmutig geschwungen

warten fordernd auf Liebkosungen

die Achseln

geschmeidig fein gepflegt

für pure Verführung ausgelegt

das Dekolleté

spannt sich wie still ruhender See

fühlt sich samtig weich wie Frühlingsklee

die Brüste

drall und prall sich selbst nur tragend

ihre harten Spitzen eigenwillig empore ragend

der flache Bauch

mit elastisch fester Haut

die seidenweiche Delle des Nabels

sehr vertraut

die glatte oder stupfelige

und manchmal bewaldete Scham

an der mich die Wollust

mit Hingabe und Schreien überkam

in der ich mein Gesicht vergrub

um dir den Himmel auf Erden zu schenken

und du mich dabei umschlungen

mit deinen weichen glatten Schenkeln

mit Blick auf deinen glänzend

geschmeidigen Rücken und Nacken

und den vor mir festen

stramm vibrierenden Backen

die wunderschön

geschwungene Beine

in Ruhe

verschlungen in die meine

die glatt gepflegte Haut

bis zu den Zehen - der Füße Sohlen

die meine Liebkosungen gerne haben aufgesogen

wer hätte das gedacht

die Augen nun verrunzelt matt
die Haare werden fahl und glatt

die Wangen voller Falten
die Lippen aufgespalten und gerissen
die Haut am Hals nun sehr verschlissen

die Schultern ihren Schwung verloren
die Achseln sind jetzt ungeschoren

das Dekolleté ist nur noch verdeckt
nichts Straffes mehr empor sich reckt

der Bauch braucht elastisch Haut
jetzt mehr denn je
die Scham er überdeckt – oh je

und deren Pforte ist beklommen

wollüstige Schreie

werden keine mehr vernommen

Schenkel – Hüfte – runde Backen

sind alle da

um abzusacken

die Beine und Füße plagt die Gicht

doch

schaue ich in dein Gesicht

an lauen Sommerabenden

bei Gesprächen die nicht enden

was früher unvorstellbar war

weil ständig

das Feuer der Lenden unbändig

und das jetzt weicht

der reiferen Entwicklung

die

mit Humor und Spannung

führt

zu innerer Erquickung

und wenn man dann

entspannt

sich gegenseitig wohlgesonnen

vom Schlafe

bereits halb eingenommen

schlaftrunken, glückselig

weiter lacht

wer hätte das gedacht

***

Alte Gesichter

Schaust du in ein altes Gesicht

bei Mondschein oder Kerzenlicht

siehst du

den vergangenen Jugendschein

der dir dringt ins Herz hinein

verweile

lege ab deine Eile

und bleibe

du wirst jetzt Zeuge eines Wunders

vergiss

allen bisherigen anatomischen Plunder

das wahre Leben

hier zu dir spricht

wenn du es zulässt

dies alte Gesicht

bewundere

wie die Augen fangen an zu strahlen

kein Künstler könnte sie so malen

mit dem Gesicht

das im schwachen Lichte glüht

zeigt das Leben dir

dass vor dir eine Seele blüht

lass alle Zwänge los

die nach dir gieren

lass zu

dass

eure Seelen sich berühren

tauche so ein

ins unendlich´ Universum

für kurze Zeit

und du verstehst

warum der Körper

ist das schwächste Glied

und der Geist

ihm als Vermittler dient

um

mit der Seele zu kommunizieren

weil

nur *die* Entwicklungen

die *ihre* Reife nähren

uns *führen*

durch alle Sphären

Ablenker der Jugend

verdecken der Seele Tugend

lassen sie nicht zu

als Gestalter im frühen Alter

und verführen

durch irreführende Platzhalter

erst in jenem Alter

wo alles gesagt und alles getan

wenn der Körper

ausgelaugt und sich vertan

wenn der Geist mit der Vermittlung

die Oberhand hat

dann

finden Seelenkontakte statt

und nun bist *du* derjenige

den diese Idee hier erreicht

denke bitte nicht

das wäre altersschwach und seicht

nimm

wovon du hast große Mengen

mit Gewissheit

nimm

und schenke einem alten Gesicht

von deiner Zeit

versinke

lass dich ein

verglühe

im Glanze der Seelen

verkürze

die Zeit der Vermittlung

in deinem Leben

***

Das Ende

Das Ende naht und es ist gut

die letzten Jahre

noch voller Glut

zu erleben wahrlich

sein eigenes Ich

beharrlich

verlasse nun die Trampelpfade

worauf

des Alltags Stumpfsinns Plage

unterdrückte Kreativität

wo´s fast schon wurd´

für mich zu spät

oft schien das Leben

bereits vorbei

weil

man erlebt nur Einerlei

kein Spaß mehr

kein Genuss

Beziehung Alltag wird zum Muss

ein lieblos

bedingt gefühlter Kuss

bei Festlichkeiten mit Geschenken

gab mir nach und nach

zu denken

doch

wie gesagt

jetzt ist´s genug

ich hebe ab zu meinem Flug

werd´ über Länder

Kontinente kreisen

werd´ den Stimmen lauschen

was sie mir verheißen

und

niederschreiben mit Elan

weil mir das

schon immer hat

gut getan

***

Die Matratze

Was hab ich geratzt

auf der Matratz´

in Träumen sind die Bäume

in den Himmel gewachsen

mit Elan und Kraft

ratze fatze

während ich entspannte

auf der Matratze

wenn Fieber und Fröste

mich geplagt

tagelang

im Schweiß ich lag

wer

hat´s aufgenommen

ohne Groll und Hatze

ja

meine wärmende

und bettende Matratze

in wollüstern Nächten

wenn ich genoss

unter mir

ein sich wälzend

heißer Schoß

auf und absprang

wie ein Geschoss

beim wilden Wenden

der Lenden

wusst´ *sie*

automatisch und gemäß

zu stützen

war jetzt nur´s Gesäß

und wenn

nach ekstatischer Raserei

die Begierde ist vorbei

wenn schwere Leiber

fallen nieder

kein Muskel mehr

noch zucken will

dann ist sie da

und fängt dich auf

streckt sich

dir weich entgegen

du spürst sie

wie gütigen Segen

so bietet sie dir

Sicherheit am Platze

die Matratze

und dann

wenn keine Hast

den Körpern mehr entspringt

erhalten schlaffe Lenden

und gebückte Rücken

noch viele Nächte

Halt und stützende Brücken

und

ein gemütliches Plätzchen

findet schnell

weil sie

in Nächten

sich dazu gesellt

im Stillen und im Gräbchen

die Katze

auf der Matratze

***

Aliens

Heute

mitten in der Nacht

da bin ich plötzlich

aufgewacht

sah am Fenster

bunte Lichter

in denen tanzten

fremde Gesichter

viele Köpfe

war´n dabei

einer trug

sogar ´nen Trichter

dann

wurd´ es laut

draußen wie drinnen

die Fensterscheiben

fingen an zu singen

verstand den Text nicht

wollt´ ans Licht

doch

(auch wenn diese Phrase jetzt

schon furchtbar abgedroschen ist)

ich *fand*

den blöden Schalter nicht

ich merkte

wie ich wurde blass

die Situation

war wirklich krass

und

mir wurde

mit einem Male klar

die

ALIENS

waren da

tatsächlich

wollten sie auch mich jetzt holen

für abstrakte Versuche

in ihren Laboren

warum

war ich grad´ auserkoren

oh Gott

warum bloß

war ich nur geboren

mein Herzschlag

hielt sich kaum im Zaum

konnt´ sie schon spüren

hier im Raum

sah ekelhafte Köpfe

mit Mäulern

triefend schleimend

und an den Schläfen

Augen

groß wie Mangos

peilend

oder

mitten auf der Stirn

verweilend

die Angst

die macht sich in mir breit

verdammter Scheiß

es ist soweit

die Augen

weit, weit aufgerissen

den Kopf

ganz starr gedrückt ins Kissen

ojemine

wie werd´ ich alles hier vermissen

dann schwand er hin

mein Bewusstseinsinn

und wie

durch einen Nebel fein

drangen Klänge

in mein Hirn herein

langsam

wich die Angst

anhand

der lieblich´ Töne

und ich verstand

vertraute Stimmen

nahmen zu

mit

Happy Birthday To You

***

hab gelebt

bin gerollt und bin gekrabbelt

wurd gesäugt und hab gesabbert

bin gelaufen, gerannt

und abgehauen

wurd gestreichelt und verhauen

bin Rad gefahren und auch Roller

hab geliebt und auch gehasst

bin Schwarz gefahren und wurd gefasst

hab mir eine Familie auserkoren

hab später sie verloren

ging in Schulen und in Lehren

dem Wissensdurst mich nie erwehrend

war Soldat, Ehemann und Vater

und für die Enkel ein Berater

bin in

Auto, Bus, Zug

und Schiffen gefahren

reiste

mit großen Flugzeugen

und ungelogen

hab kleinere

auch selbst geflogen

hab Sport getrieben und geraucht

bin in Seen und Meere abgetaucht

fing wilde Winde ein im Surfer-Segel

provozierte hohe Risikopegel

hab an vielen Plätzen der Erde verweilt

hab hier und da einen Menschen geheilt

erfuhr die Liebe auch den Hass

die Traurigkeit und auch den Spaß

wurd krank und wieder gesund

war schlank und manchmal rund

hab gesungen und gelacht

hab Zauberspäßchen mir beigebracht

hab manch zu viel

getrunken und gegessen

hab oft die Freude doch vergessen

hab den Alltag falsch eingeschätzt

bekam viele Wunden eingeätzt

und im letzten Lebensdrittel

erwachten neue Geistesmittel

hab geschrieben und gedichtet

hab Prioritäten neu gewichtet

lieg nun hier im Bette warm

bin weder reich noch arm

bin frohen Mutes und will erklimmen

die vor mir liegenden Bergeszinnen

bin voller Neugierde und gespannt

was auf mich kommt noch zu gerannt

und wenn ich verende irgendwo

weil der Ablauf ist geregelt so

oder

sich die Erde bebend erhebt und untergeht

kann ich sagen

hab gelebt

***

Das Morgen

Was bringt das Morgen

vertraue der Hoffnung

du musst dir vom Leben nichts borgen

alles was das Leben birgt

gehört schon dir

schenk ihm dein Lächeln

und öffne deine Seelentür

vertraue ihm von Herzen

und das Leben belohnt dich reich dafür

auch wenn die Stunden scheinen

sinnlos zu zerrinnen

und Tage taugen scheinbar

nur zur Klage

wisch´ alles weg in einem Zug

denn du allein bestimmst deines Lebens Flug

***

Der Plan

Das Glück begann

um nie zu enden

diese Zeiten

sollten sich niemals wenden

die Liebe

rauschte durch uns

in Wellen

erfasste einzeln

alle Zellen

durchflutete uns

mit gleißendem Licht

erhob uns

in schwindelnde Höhen

auf sprühender Gischt

ließ uns schweben

in liebestrunkenen Nächten

zweisame Erholung finden

mit ausgelaugten Körpersäften

um wenig später

mit zurückkehrender Kraft

wieder und wieder zu erleben

der liebenden Körper Macht

und wenn ermattet

seelenruhig

uns die Geborgenheit

hat fest umschlungen

fühlten wir

der Plan des Lebens

war gelungen

in Zeiten dann

mit weniger Wucht

verschwand dieser Plan

in einsamer Bucht

vom Meer mal da

mal dorthin geschwemmt

verlor sich der Zauber

weil

das Leben gehemmt

doch

in manchen

lauen Sommernächten

rückten wir

zusammen ein Stück

versuchten

in die Bucht zu gelangen

doch einer blieb

fast immer zurück

musste zu sehr

mit den Wellen ringen

war gefangen

die wenigen Male

die wir es

zusammen geschafft

saßen wir

dennoch hilflos am Strand

und haben

nur auf das Meer raus gegafft

bis

dass

die reife Liebe

sich hat erhoben

und uns

neue Perspektiven

angeboten

sie riet

passt auf

dass

eure Seele nicht verweist

geniest nicht nur

mit Körper und Geist

versucht

in Harmonien euch zu treffen

schafft Ruhe

in der ihr

den Alltag könnt vergessen

und wichtig ist

vor allem andern

lernt

in eurem Selbst

herumzuwandern

um neue Wege zu finden

zu dem andern

und wie durch eine fremde Macht

wurde eine andere

unsere Liebe

entfacht

trunken jetzt

vor Glückseligkeit

weil Körper, Geist und Seelen

sich gefunden

fühlen wir

der Plan des Lebens

ist gelungen

***

Kuckuck, Kuckuck

Kuckuck, Kuckuck

ruft es aus der Ferne

nach

orgasmussuchender

One-Night-Stand-Affäre

wenn

zur Ruhe kommen

die tobenden Leiber

und

der Verstand

begutachtet

den Betreiber

wird sich geschwind

wieder getrennt

nach

schwitzendem Gewimmel

denn

schneller als der Wind

verschwindet das Blau

am Triebeshimmel

der Mann

sich schemenhaft verpuppt

oft auch mit falschem Namen

schwupp diwupp

die Frau

den Wollust-Ort verlässt

modern, selbstbewusst und sicher

mit handvorhaltendem Gekicher

keiner

will den anderen

wiedertreffen mehr

Blaupausenbilder

verblassen zügig

im faden Einsamkeits-Meer

gut möglich

dass

Stunden später

kommt erneut

ein One-Night-Stand

daher

in manchen Zeiten

geht´s zu

turbulent

dass

vergessen wird

die Verhütung

vehement

und

neues Leben entsteht

ungehemmt

dann

die zukünftig´ Mutter denkt

- wem zuordnen bloß

mit diesem Sperma-Chaos

in meinem Schoß -

den Spermienschleuderer

zu finden

trotz DNA

wird oft kompliziert und höchst fatal

heißt aber

für den Mann mal wieder ideal

er

verstreut sich weiterhin

ganz unbescheiden

muss im Nachhinein

ja nichts entscheiden

und

kann sich fühlen

vermeintlich als Mann

und nicht als Idiot

sie hingegen

muss entscheiden

über Leben oder Tod

entscheidet sie sich

für das Leben

hat sie

„zum Kuckuck noch mal"

ihr Ei gegeben

***

Die Last

Wer kennt sie nicht

die täglich´ Last

die uns frühmorgens

schon erfasst

stündlich dann

uns niederringt

bis mittags

in die Knie uns zwingt

danach

wird´s dann auch nicht besser

denn sie setzt uns

an den Hals das Messer

bis wir gen Abend

müde wagen

uns zu entziehen

dem Griff am Kragen

am Wochenende dann

wie fein

von alledem

befreit zu sein

genießen wir

das Leben pur

und schauen niemals

auf die Uhr

genießen alles

in vollen Zügen

hören nicht

die mahnenden Rügen

denn WER

in dieser herrlich´ Zeit

der freien

mit hoch verdienten Völlereien

wollt´ sich beschweren

gar beklagen

-

der MAGEN

wollt´ sich nicht mehr plagen

konnt´ nicht ertragen

was ihm zugetragen

er weiß nicht mehr

wie zu sortieren

er kann die Massen

nicht mehr rühren

das Süße

mit dem Sauren schwellt

der Verdauungsbrei

nach oben quellt

kein Platz mehr

sich im Magen bietet

kein Werkzeug

das die Wand könnt nieten

will er

den morgig´ Tag erleben

muss er sich ergeben

gezwungen

müssen wir entlasten

sind froh

über einen Tag zu fasten

und

zur Beseitigung

des Magens Plag

und dem Gift

das lang noch in ihm lag

benötigen wir

weit mehr

noch

als den Sonntag fast

bis

Sie

am Montag

dann

mit Hast

uns wieder zu sich ruft

die Last

***

Entlastung

Manchmal

kommt die Frage

warum ich die Texte

die ich befördere zu Tage

nicht frei heraus

auswendig erstatte

sondern

vorlese von meinem Blatte

nun

ich möchte mich entlasten

die Texte

aus mir heraus entlassen

sie dem Universum überlassen

warum danach in mir belassen?

Stell´ man sich vor

nach köstlich´ Mahl

und dessen Verdauung

will man das Resultat behalten

und körperlich verwalten

es kommt zum Stau

ganz ohne Frage

die Verwaltung wird zur Plage

wie im richtigen Leben auch

alle Tage

aber

ich will jetzt nicht politisch werden

will keine mentalen Stau-Beschwerden

drum nutze ich die Körperöffnungen

nicht nur zu Begrüßungen

und lasse

aus dem Körper raus

was heraus will

ohne Graus

und nun

sollt´ ich all das

zurückführen

wieder rein?

- Nnnein -

***

Der Wind des Glücks

Das Glück

ist eine windig´ Braut

mal hier mal da

sie sich zusammenbraut

und streift sie dich

auch nur mit leichtem Hauch

spürst du

Schmetterlinge in deinem Bauch

sie flattern hoch dir in dein Herz

vergessen lassen jeden Schmerz

vom Glück durchströmt

bis in die Zehen

kannst du auf Wolken

und auf Wasser gehen

Saiten an dir

werden angezupft

von denen du hast nichts gewusst

du siehst die Welt mit anderen Augen

schöpfst Hoffnung, Mut

hast blindes Ur-Vertrauen

und ist dem Glück

dann

das geglückt

ist es selbst

auch ganz entzückt

doch

wie das eben ist beim Wind

zieht er weiter oft geschwind

jetzt

die Glückseligkeit dich noch berauscht

gleich

ein and´rer Wind kommt angerauscht

der Wind des Glückes

zieht zwar weiter

im Nachklang

dennoch bleibe heiter

denn

das Glück

dir die Gewissheit lässt

unterliegt es selbst

auch der Vergänglichkeit

der Wind des Glücks

doch

wiederholt sich mit Beständigkeit

***

Mit Vollgas nach Las Vegas

Der Traum vom Jackpot

lässt dich hoffen

die Dimensionen der Wüste

sind doch mehr noch als offen

du fährst

geradewegs hinein

und merkst zu spät

der Wüstenhitze Pein

du fährst

in ungewohnte Temperaturen

die Zeit

verschmilzt auf deinen Uhren

lang gedehnte flimmernde Straßen

nie bergauf und nie bergab

nur

meilenweit

Asphaltenwellengang

wo das Schnellerfahren

wird zum Zwang

wo der Rhythmus

wirkt berauschend

wo die Sicherheit

wird knapp

wo plötzlich

machen

Reifen schlapp

jäh unterbrochen

werden deine

Hochgefühlsgelüste

und dir wird klar

im Sand der nie verpufft

- bist alleine in der Wüste -

und

in schlierend flirrender Luft

erinnerst du dich

filmisch

– Die Wüste lebt –

aber

auch daran

dass

dabei

es nur um Tiere geht

mit Furcht

schaust du

die asphaltwellenlange

Straße lang

hoffst

inbrünstig

nach gefühlt

ewig langer Zeit

dass

da

ein Auto kommt entlang

und bringt dir

sehnsuchtsvolle Sicherheit

und wirklich

welch großes Glück

erkennst du am Horizont

ein automobiles Stück

du tanzt und freust dich

dass

entgehst dem Drama

fühlst

wie an Ängste-Stelle tritt

Seelenbalsama

um dann

zu erkennen

aus hitzig, sonnig, heiterem Himmel

mit nervenzerreißendem Galama

eine mobile Fata Morgana

nach diesem Schock

gibst du nun

die letzten Liter Sprit

der Air Condition mit

fühlst bereits

mit verfliegender Kühle

die bedrohlich

schwere Wüstenglühe

wie sie zurückkehrt

siedend heiß und ohne Gnade

wie sehr

wünschtest du dir jetzt

ein kühles Bade

so wie du

das aufgeheizte Auto

lerntest mehr und mehr zu hassen

hat dich nach und nach

dein Lebensmut verlassen

du setzt dich nieder

um nicht zu fallen

hörst aus der Ferne

– anschnallen –

siehst nach oben

müde und verklärt

erinnerst dich

dass

irgendwer wo was erklärt

auch für dich

um Wichtiges

über Flugsicherheit zu erfahren

doch

du bist dabei eingeschlafen

und

wolltest lieber durch die Wüste fahren

jetzt

dankst du Gott

dass

alles war nur ein Traum

und du zurück bist

in der Herrlichkeit

unter dem Lebensbaum

durch die Wüste zu fahren

willst du nicht mehr hoffen

doch

der Traum vom Jackpot

der ist noch offen

***

wenn

wenn Menschen sich treffen

wenn sie sich in ihren Talenten messen

wenn Hautfarbe, Herkunft, Religion sind

                                                  vergessen

wenn sich nicht nach Ideologien wird bemessen

wenn man sich fühlt menschlicher Intelligenz

                                                  anheim

wenn man menschliche Wärme fühlt

                                    wenn nichts ist geheim

wenn man spürt insgeheim der Menschlichkeit

Anmut

wenn dies geschieht – tut´s einfach nur gut

wenn nach heiß umkämpften Spielen

Menschen sich auch nicht gleich mögen

wenn dann Gewinner und Verlierer

sich nicht in die Arme fallen können

wenn sie dennoch mit Anstand und Respekt

sich die Hände reichen

wenn sie ein Lächeln können spenden

wenn auch gezeichnet

wenn jeder akzeptiert

wenn der andere es geschafft

wenn auch manchmal denkbar knapp

wenn dies geschieht in einem fort

- dann ist das Sport -

***

Lautloser Aufschrei

federnd leicht fragil grazil
nimmt sie Platz an ihrem Ziel

umspannt geschmeidig die Partien
ihres Instrumentes mit beiden Knien

mit ihren Schultern wohlgeformt
beginnt sie ihr Spiel noch in der Norm

doch nach wenigen Akkorden
erreicht sie sinnlichere Pforten

öffnet sie und stößt sie auf
bei sich und anderen zuhauf

mehr und mehr gibt sie sich hin
ihrem Spiel und dessen Sinn

vergisst sich völlig

in der Kunst

manch´ Zuhörer

fühlt sich in der Brunst

Schenkel und Knie

zärtlich fest gepresst

nimmt sie Resonanzen auf

und hält sie fest

am geschwungen polierten Ebenholz

mit Leib und Seele und mit Stolz

musikalische Frequenzen

ihren Unterleib kredenzen

stimulierende Wellen

durchströmen ihre Quellen

in ihrer Mimik

sinnlicher Natur

manchmal

leichte Schmerzensspur

scheinen sie und ihr Instrument

sich zu verschmelzen pur

sie wiegen beide hin und her

das Atmen

fällt ihr scheinbar schwer

Zittern und Frösteln

laufen sich quer

vor Erregung

scheint sie

zu überhitzen

es hält sie kaum noch

auf ihrem Sitzchen

gleich

so scheint es

verschlingt sie

ihren Partner samt Saiten

in Phantasien

lässt sie ihn jetzt

an sich gleiten

das Publikum

sitzt kribbelig

wie auf heißen Kohlen

sich selbst beobachtend

verstohlen

und weiß nicht

wie

sich unbemerkt erholen

ihr Vortrag nun

an Ekstase grenzende Raserei

deutet an

einen

orgastisch erlösenden Schrei

doch

entspannend

lächelnd wahrnehmbar

entflieht in ihr Inneres

mit Genuss dahin

- lautlos -

der sinnliche Aufschrei

der Cellistin

das Publikum springt auf

schreit, ruft, klatscht erlösend ihr bei

hauptsächlich froh

dass

die sinnlich´ Anspannung

endlich vorbei

nickt sich gegenseitig zu

mit gespielter Ruh´

setzt sich

mit hochroten

Köpfen und Wangen

wieder nieder

atmet tief aus

lüftet und ordnet sich

für nachfolgende Lieder

***

Brumm Brumm

Der Mensch ist froh um sein Brumm Brumm

kann damit fahren in den Städten rum

kann damit fahren über Lande

sogar bis an des Planeten Rande

er fährt damit auch auf dem Mond

und jetzt sogar schon auf dem Mars

- das war´s -

***

Liebe Leserin
Lieber Leser

Für Dich

Bist du verzagt an manchen Tagen
findest keine Antwort auf Fragen über Fragen

glaubst alles hat doch keinen Sinn
sagt eine Stimme dir wirf dich doch hin

fühlst dich wie aus ´nem Flugzeug fallend
hörst dich selbst auf den Boden knallend

in diesen Momenten diesen schweren
will ich dir, mehr als Trost, Gewissheit bescheren
die ohne mein Zutun kommt aus höheren Sphären

wirf einen Blick auf mein Signum nun
und gib deinen Gedanken danach Zeit zu ruh´n

denn eines morgens als ich erwacht
wusst´ ich dies Kürzel ist dazu gedacht

in Englisch zwar kurz und prägnant
möchte ich´s dir geben an die Hand

egal was andre von dir denken
egal wie sie dein Leben lenken
egal ob sie dich irritieren
egal ob sie dich kritisieren
egal ob sie dich mit Füßen treten
egal ob sie zu Götzen beten
egal ob ihre Lügen lassen dich erbeben
-
You Are Right in diesem Leben!

Danke

für diesen

gemeinsamen Spaziergang

Von Udo Robert Riegger bisher erschienen:

Keine Angst vor großen Tieren - menschlich - 1
Nur auf den Humor ist noch Verlass
ISBN 978-3-7357-6133-1

Keine Angst vor großen Tieren - menschlich - 2
Nur auf den Humor ist noch Verlass
ISBN 978-3-7357-7513-9

Keine Angst vor großen Tieren - politisch - 1
Unsere absurde Politik-Wirklichkeit bekommt ein Gesicht
ISBN 978-3-7357-5752-4

Keine Angst vor großen Tieren - politisch - 2
Unsere absurde Politik-Wirklichkeit bekommt ein Gesicht
ISBN 978-3-7357-7499-6

Keine Angst vor großen Tieren - tierisch - 1
Tier im Mensch und umgekehrt
ISBN 978-3-7357-5843-9

Keine Angst vor großen Tieren - tierisch - 2
Tier im Mensch und umgekehrt
ISBN 978-3-7357-7497-2

Kaleidoskop Mensch 1
Aus dem Leben - Für das Leben
Wahr oder nicht wahr, entscheiden Sie selbst.
Kurzgeschichten.
Jede für sich eine Perle mit faszinierenden Überraschungen
und spannenden Wendungen.
ISBN 978-3-7357-7508-5

Alle Erscheinungen auch als E-Book erhältlich.